Naszej Mamie—
JR i MR

Projekt okładki i opracowanie graficzne
Joanna Rusinek

Copyright © by Michał Rusinek 2012

Opieka redakcyjna
Magdalena Talar

Adiustacja
Anna Szulczyńska

Korekta
Magdalena Talar

ISBN: 978-83-240-1974-8

Książki z dobrej strony: www.znak.com.pl
Społeczny Instytut Wydawniczy Znak
30-105 Kraków, ul. Kościuszki 37

Dział sprzedaży: tel. (012) 61 99 569
e-mail: czytelnicy@znak.com.pl

Wydanie I, Kraków 2012

Druk: Edica

Michał Rus

Niutek jest gorszy

MICHAŁ RUSINEK

17   25

WIERSZYKI DOMOWE

19   27

ILUSTROWAŁA   28

JOANNA RUSINEK

22   30

Znak Emotikon   2012

kropka i przecinek
CZYTAĆ TEN JEST
KSIĄ...

LOVE KROWĘ

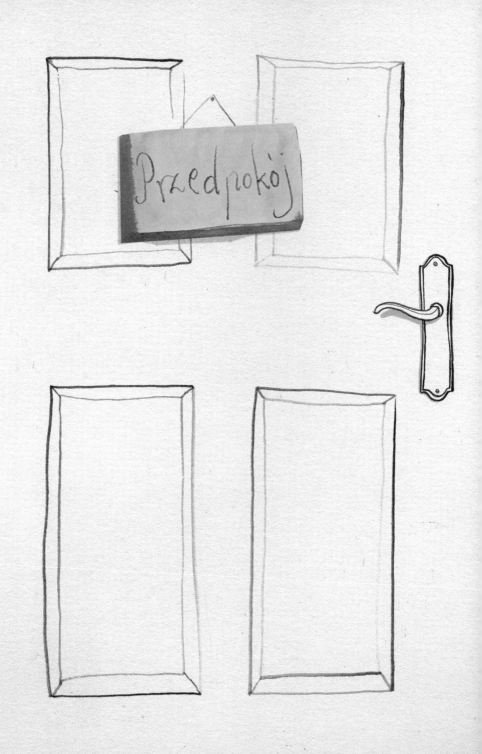

PRZEDPOKÓJ

Przedpokój
wzbudza mój niepokój,
bo to ani pokój,
ani nie-pokój.

Jak by tu
wytłumaczyć to wam?
Przedpokój jest trochę tu,
ale i trochę tam.
To znaczy: trochę tam,
ale i trochę tu.
Kapewu?

Przedpokój jest PRZED pokojem,
kiedy się wraca do domu.
Przedpokój jest ZA pokojem,
gdy się wychodzi z domu.

A gdy się siedzi w domu
całkiem po kryjomu,
to co się dzieje z przedpokojem?
Trochę się niepokoję,
bo może wtedy traci orientację
i zmienia się w... ubikację?!*

* BO TAKIE OKOLICZNOŚCI
SPRZYJAJĄ KRYZYSOM TOŻSAMOŚCI.

7

PRÓG

Podłożył ci nogę próg?
Jak on mógł?!
No, nie mógł, bo przecież progi
nie mają ni jednej nogi
i to wszystkie, razem wzięte,
więc to wprost niepojęte,
by ktoś taki jak próg
nogę podłożyć mógł.

Próg – rzecz potrzebna w domu.
Zapytasz: potrzebna komu?
Na przykład framudze. Framuga
runęłaby jak długa,
gdyby nie trzymał jej nóg
właśnie próg.

A gdy ktoś się włamie po cichu
nocą, z pomocą wytrychu,
i stanie na progu niebacznie,
to próg skrzypieć jak nie zacznie
skrzypieniem tak skrzypiącym,
że zbudzi się służący
i przegoni włamywacza
rurą od odkurzacza.

Czasami nikt się nie włamuje,
a wtedy próg się nudzi
i z nudów, co tu kryć, figluje,
żeby się pośmiać z ludzi.

I wtedy, chociaż nie ma nóg,
podkłada ludziom nogę próg.

*NO I MAMY TU TYPOWY
KOMUNIKAT PODPROGOWY.

9

OKNO

W otwartym oknie
się moknie
lub zaziębia,
albo widzi gołębia*.

Na zamkniętym oknie – jak się nachucha –
można rysować za pomocą palucha.

Gdy to zobaczy mróz, to z zazdrości
sam czasem na szybie rysuje różności.

Ale jeśli chodzi o rysowanie ludzika,
nie ma ode mnie lepszego rysownika.

Jestem lepszy niż mróz
i juz!

* MOŻNA TEŻ PRZYPADKIEM
ZOBACZYĆ SĄSIADKĘ.

10

11

WIESZAKI

Wszystkie dzieciaki
wiedzą, co to wieszaki
i że służą one zwłaszcza
do wieszania płaszcza
lub kurtki, lub pelerynki
chłopczyka i dziewczynki.

Lecz tak naprawdę wieszaki
to są dzikie zwierzaki:
zaczepne, rogate
i okropnie pyskate!*
Kto słyszy ich awantury,
chowa się do mysiej dziury.

* WPŁYNĄŁ POZEW, TREŚĆ W SKRÓCIE TAKA:
NIE SZARGAĆ DOBREGO IMIENIA WIESZAKA!

WYCIERACZKA

Mówimy do nich wy-cieraczki,
one o sobie – my-cieraczki.
Przed każdym domem jak szczeniaczki
warują dzielne wycieraczki
i wycierają nam kozaczki,
butki, kaloszki w różne szlaczki
i tenisówki, i chodaczki,
przez co zostają na nich kłaczki,
którymi żywią się, biedaczki,
mówiąc, że kłaczki to przysmaczki.
Ech, wycieraczki – nieboraczki...*

* OWOCEM UCZUĆ WYCIERACZKI
BYWAJĄ CZĘSTO SZEŚCIORACZKI.

15

DRZWI

Gdy wieje, leje, mży,
zacina, prószy, grzmi,
gdy nocą księżyc lśni
i gdy ponure dni,
gdy czarodzieje źli,
wampiry żądne krwi
wokoło krążą i
gdy złego coś się śni
– to wtedy, wierzcie mi,
że dobrze jest mieć drzwi*.

* POWIEDZMY TEŻ (BEZ OPORÓW):
DRZWI – TAMĄ DLA AKWIZYTORÓW.

ZAMEK

Zamki się robi z piasku
na plaży, obok lasku.

Zamki się robi z kamyków
w płytkim strumyku.

Zamki się robi z cegły,
jak w czasach bardzo odległych*.

Zamki są w kurtkach i płaszczach –
te błyskawiczne zwłaszcza.

No i są też inne zamki –
takie w drzwiach, koło klamki.

Nie trzeba do nich piasku, kamyków, cegieł ani kurtek, prócz
tego, że dobrze jest mieć do nich pasujący klucz.

* NA PRZYKŁAD W ŚREDNIOWIECZA MROKACH
ORAZ W JAŚNIEJSZYCH CIUT EPOKACH.

Klucz

Bardzo grzeczny bywa klucz:

tłucze, gdy mu powiesz: „tłucz!",
mruczy, gdy mu powiesz: „mrucz!",
płucze, gdy mu powiesz: „płucz!",
włóczy, gdy mu powiesz: „włócz!",
buczy, gdy mu powiesz: „bucz!",
uczy, gdy mu powiesz: „ucz!",
tuczy, gdy mu powiesz: „tucz!",
kluczy, gdy mu powiesz: „klucz!".

I chociaż klucz wad nie ma prawie,
lubi się czasem zgubić w trawie.
Więc choć nie szczeka i nie ryczy,
dobrze jest trzymać go na smyczy*.

* POD KONIEC MINIONEJ EPOKI
  SŁUŻYŁY DO TEGO BRELOKI.

ŁAZIENKA

Gdy pytam: skąd jest słowo „łazienka"? –
każdy dorosły stęka i kwęka,
jakby się bał, że się komuś narazi...
Przecież to jasne – od słowa „łazić"!
Bo do łazienki łazi się przecież
i wie to każde dziecko na świecie.

W krajach, gdzie „chodzi" się, a nie „łazi"
– co trudno sobie nam wyobrazić –
zamiast łazienki
mają chodzienki*.

*BIEGANIE PRZECIĄGA CIUT STRUNKĘ,
BO ROBI Z ŁAZIENKI BIEGUNKĘ.

W.C. 200 yards

25

WANNA

Każdy chłopak i panna
przecież wie, co to wanna.

No bo wanna plus woda
to się równa = przygoda.

Kiedy woda jest w wannie,
można myć się starannie

albo bawić się tratwą,
którą zrobić jest łatwo,

jak nie tratwą to łódką
z zamykaną kajutką

lub podwodnym okrętem
z peryskopem wygiętym,

albo całkiem typowo –
żółtą kaczką gumową.

Za to w czasie powodzi
można w wannie, jak w łodzi,

z poważnymi minami
pływać między domami

i ratować z ich dachów
koty blade ze strachu*.

MYDŁO
LUX

Lecz czy Z wodą jest wanna,
czy NA wodzie jest wanna,

ważne – w obu przypadkach –
żeby korkiem ją zatkać!

* ZWŁASZCZA KOTY ZAMOŻNYCH SĄSIADEK,
BY PO CICHU LICZYĆ NA SPADEK.

PRYSZNIC

Prysznic to nie jest zabawka.
Prysznic to taka słuchawka
do rozmów międzywannowych
i międzyprysznicowych*.

Ważne, by podczas rozmowy
nie przyszło ci czasem do głowy
kręcić kurkiem, uparciuszku,
bo będziesz mieć wodę w uszku!

* MOŻNA TAK DZWONIĆ (NA NIBY)
DO KAŻDEJ GRUBEJ RYBY.

UMYWALKA

Niewiele wiemy dziś o UMIE*,
prócz tego, że toczyła WALKI.
Na cześć walk Umy, jak rozumiem,
ktoś kiedyś stworzył UMYWALKI.

To słuszna nazwa. W umywalkach
codziennie toczy się ukradkiem
z bakterii armią straszna walka
– gdy myjesz rączki przed obiadkiem.

* TWIERDZI LUDZI CAŁA HURMA,
ŻE TO BYŁA UMA THURMAN.

MydelNiczka

Gdyby do mydelniczki
dołączano fabrycznie silniczki
lub ewentualnie żagle
– okazałoby się nagle,
że są z nich pływające jednostki,
a nie żadne błahostki.
A gdyby je wyposażano w torpedy
i działa, i peryskopy, to wtedy
można by toczyć za pomocą mydelniczek
coś w rodzaju morskich potyczek[*]
na Wannowym Oceanie
(bez piany albo w pianie).

[*] MOŻNA BY TAK ODEGRAĆ SŁYNNYCH BITEW PARĘ
(NA POCZĄTEK – TĘ POD TRAFALGAREM).

PRALKA

Kiedy nie było telewizorów
(i gdy już były – lecz bez kolorów),
zastępowano je czasem pralką
(gdy się mieściła za umywalką).
Co dzień wieczorem, tuż po kolacji
wszyscy siadali na ubikacji
lub taboretach (jak na wersalce),
żeby przyglądać się bacznie pralce.

Wkładano do niej rzeczy do prania*,
włączano program BEZ WIROWANIA
lub Z WIROWANIEM, gdy na dreszczowiec
mieli ochotę pralki widzowie.

A kiedy pralka kończyła prać
– cała rodzina mogła iść spać.

* KIEDY Z KOGOŚ BYŁ CZYŚCIOSZEK,
TO DODAWAŁ TAKŻE PROSZEK.

35

KAFELKI

Opukaj wszystkie kafelki
– tak na wypadek wszelki –
bo zawsze jest gdzieś taka płytka,
za którą kryje się skrytka,
a w skrytce – złota sztabki
lub naszyjnik prababki,
lub banknot trochę zmięty,
szafiry i diamenty
lub nowy, odlotowy
telefon komórkowy.

Opukaj wszystkie kafelki
– tak na wypadek wszelki –
bo zawsze jest gdzieś taka płytka,
za którą kryje się skrytka,
a w skrytce – zaklęć księga,
na którą się przysięga,
lub różdżka czarodziejki,
wagonik od kolejki*
lub nowa, odlotowa
konsola kieszonkowa.

Opukaj wszystkie kafelki
– tak na wypadek wszelki...
A Mama – jak się dowie,
to pewnie nic nie powie,
tylko popuka się po głowie.

* PRODUKCJI NRD,
HA-ZERO LUB TE-TE.

GĄBKA

Uchylmy tajemnicy rąbka:
powiedzmy, skąd się wzięła gąbka.

Czy rosną w lesie takie gąbki
(zwłaszcza po deszczu), jak gołąbki?

Czy też zrzucane są te gąbki
z gąbkowców (jak z bombowców bombki)?

Może wygryzły czyjeś ząbki
korytarzyki w miąższu gąbki?

A może się hoduje gąbki
we wnętrzu koncertowej trąbki?

Psst! Niech zostanie to między nami:
gąbki się bierze... ze sklepu z gąbkami!*

* NIEKTÓRZY TWIERDZĄ, ŻE Z MÓRZ.
NO CÓŻ.

KuchNia

To miejsce bardzo tajemnicze,
tajemnic jego – nie wyliczę:
mieszadła, noże, gary, kotły,
pachnące zioła, słoje, miotły,
coś tu bulgocze w jakiejś misie,
dusi się, dymi, syczy, tli się,
aż w końcu, całkiem niespodzianie,
pysznością się przepyszną stanie*.

* Kiedy spytałem: „Czy to sprawa magii?",
tata powiedział, że już raczej Maggi.

ZLEW

Zlew
to taki lew,
co siedzi w kuchni pod kranem
(w dzień, wieczorem i nad ranem)
i choć mało kto w to wierzy,
żywi się resztkami z talerzy*
oraz wodą z płynem do mycia naczyń.
A gdy księżyc na niebie majaczy,
zlew wychodzi z domu
całkiem po kryjomu
i grasuje po ulicach,
bulgocząc do księżyca.

* OD CZASU ZMYWAREK
ZLEW SCHUDŁ NA SKWAREK.

PIEKARNIK

Piekarnik
powinien się nazywać „piekarmnik",
bo służy najpierw do pieczenia,
a potem do karmienia*
dzieci tym,
co się w nim
upiekło na kolację.
Mam rację?

* ZWŁASZCZA GDY NA OBIAD W SZKOLE
DAJĄ (TFU!) PANGĘ LUB (TFU!) SOLĘ.

LODÓWKA

Znałem pewnego półgłówka,
który myślał, że lodówka
to przejście na biegun południowy,
więc w pewien dzień sierpniowy
włożył kurtkę i rękawiczki,
otworzył drzwiczki,
po czym wyjął z lodówki śmiało
to, co wyjąć się dało:
mleko, masło, salami,
pięć jogurtów z wiśniami,
dżem, majonez z musztardą
i trzy jajka na twardo*.
Wlazł do środka, choć było tam ciasno,
usiadł w kucki i drzwiczki zatrzasnął.

Gdy go znaleziono nad ranem,
był już zwykłym bałwanem.

* ORAZ VEUVE CLICQUOT.
HO-HO-HO!

CZAJNIK

Czajnik
to tajny nadajnik.
Niby od piątku do piątku
służy do gotowania wrzątku,
w którym się potem pichci na zupę warzywka,
ale to tylko przykrywka
dla tajnej misji, która na tym polega,
że czajnik-nadajnik ostrzega
zamieszkujące kosmos cywilizacje:

**Nie przyjeżdżajcie dziś na kolację
w waszych latających spodkach*,
bo was nieszczęście spotka,
gdy roztrzepana ciotka
naleje wam do środka
pomidorową z ryżem!
Z tego się nikt z was nie wyliże!**

Tajna misja czajnika ma i te uboczne skutki,
że nie chcą nas odwiedzać ufoludki
i w ogóle inne cywilizacje z kosmosu.
Ech, czajniku. Aleś nam narobił bigosu.

* Niektórzy uczeni są zdania, że to nie spodki, lecz talerze,
ale ja im tak do końca nie wierzę.

TOSTER

Do czego służy toster?
To bardzo, bardzo proste:
do opiekania grzanek,
kiedy nadchodzi ranek.

A kiedy się pozmienia
tostera ustawienia,
to służyć mu jest dane
i do zwęglania grzanek.

Ech, męczą się górnicy
tak trochę po próżnicy,
bo gdyby mieli toster,
życie by było proste:

Ustawiałby górnik na full*
swój toster – i siadał jak król.
A węgiel by robił się sam.
No, mówię wam!

* DOBRZE JEST USTAWIĆ TOSTER
NA TRZY RAZY PATER NOSTER.

SZTUĆCE

Gdy się nam coś uda upiec,
weźmy wpierw do ręki sztuciec,
bo jedzenie gołą ręką
wręcz graniczy z istną męką.
Czy pieczenie jesz, czy udźce*,
lepiej miej pod ręką sztućce,
a przynajmniej jeden sztuciec.
Nie masz? To już lepiej uciec.

* JAKIE UDŹCE? NIECH WYLICZĘ:
JAGNIĘCE, SARNIE LUB INDYCZE.

OKAP

Okap jest jak nos,
taki jego los:

czy para buch,
czy wszelki duch,
czy dymi gar,
czy tli się żar,
czy pstrąg, czy stek,
czy ktoś coś spiekł,
czy pachnie żur,
czy grzybów sznur,
czy dorsz, czy zraz
czy tylko gaz,
czy miła woń,
czy Boże broń!*

Okap jest jak nos, ale ma gorzej:
bo kichnąć nie może.

* NAJGORSZE DLA OKAPU – BY NIE SZUKAĆ DALEKO –
JEST PRZYPALONE ZWYKŁE MLEKO.

SALON

Salon to takie miejsce, gdzie chętnie wpuszcza się gości.
Goście mówią tam zwykle to samo, w takiej samej kolejności.
Najpierw: o, jakie piękne obrazy lub o, jakie piękne te kwiaty.
Potem, że jak ty wyrosłaś, a ty jaki podobny do taty.
Następnie, że bardzo chętnie, z cukrem i mleczkiem poproszę*.
Potem, że polityków to ja po prostu nie znoszę.
A na koniec, że następnym razem u nich, w szerszym gronie,
i że chętnie nas wszystkich oprowadzą po swoim salonie.

Raz mi się przyśniło, że nikt nie zauważył, jak salon
zmienił się – nie uwierzycie – w podróżniczy balon.
I odfrunął gdzieś daleko. A z nim – pewien gadatliwy gość.
Widocznie salon miał już tego wszystkiego dość.

* PEWIEN BARON Z BARONESSĄ
PROSZĄ ZAWSZE O ESPRESSO.

SOFA

O tym, czym jest nasza sofa,
opowiedzmy w kilku strofach.

Gdy ze sklepu przyszła sofa
– o czym mówi druga strofa –

była (sofa, a nie strofa)
owinięta wzdłuż w celofan.

Poprosiliśmy Krzysztofa
(mieszka tuż, przy Zamenhofa)*,

by nam pomógł zdjąć celofan
za pomocą, cóż, kilofa.

Lecz – jak mówi szósta strofa –
Krzysztof jednak się wycofał,

bo od ciosów dwóch kilofa
mogłaby się rozpaść sofa.

Pożegnaliśmy Krzysztofa
– o czym mówi ósma strofa –

i o pomoc w akcji „sofa"
wnet prosimy filozofa.

A filozof (brat Krzysztofa)
orzekł tylko: „katastrofa!".

Więc od lat wciąż jest w celofan
owinięta nasza sofa,

zwana przez to „celosofa".
I to już ostatnia strofa.

** O CZYM DONIÓSŁ NAM SYKOFANT,
CO UDAJE TEOZOFA.*

63

FOTEL

Żeby zjeść coś, fotele
mają swoje fortele
(i to mają ich wiele).

A podstawą ich diety
są najczęściej niestety
pojedyncze skarpety*.

Siedzisz sobie wieczorem
przed swym telewizorem
i się raczysz horrorem.

Gdy drżysz jak galaretka,
znika twoja skarpetka
(dla fotela to betka).

Czytasz książkę (dość długa),
ze zmęczenia wciąż mrugasz,
a tu znika ci druga!

Raz nasz tata w niedzielę
rozpruł wszystkie fotele
i co znalazł w ich ciele?

Znalazł w nich setki skarpet,
co zostały pożarte
przez fotele uparte!

Wniosek? Cóż, przyjaciele,
karmcie swoje fotele
w piątki, świątki, niedziele,

by podstawą ich diety
już nie były skarpety,
tylko coś innego, mniej potrzebnego, na przykład skasowane bilety.

✱ CZASEM I POŃCZOCHY,
ALE TYLKO W GROCHY.

WAZON

Bez względu na to, czy w wazonie
stoją żonkile, czy piwonie,
wazon jest przede wszystkim po to,
by dać się czasem rozbić kotom*.

*Z BRAKU KOTA DOBRY JEST
I WESOŁY, SKOCZNY PIES.

LAMPA

Nasza lampa – dość uparta –
raz zmieniła się w lamparta*
i przeniosła na sawannę
swe maniery nienaganne.
Przez pięć długich dni z okładem
tak świeciła tam przykładem,
że na szósty dzień lamparty
się wkurzyły nie na żarty
i szybciutko, po kryjomu,
odesłały ją do domu.

Wisząc teraz tu, w salonie,
mówi: „Zmiany? Co to, to nie!
Być lampartem nie mam chętki.
Całkiem mi wystarczą cętki!".

* OCZYWIŚCIE – LAMPEDUSY
I TO BEZ ŻADNEJ EKSKUZY.

POST FEDEX

DyWan

Nasz dywan – choć to mało znane –
latającym jest dywanem.
Nie lata wszak. Pewnie by latał*,
gdyby go nie przygwoździł tata
stolikiem z bardzo ciężkim blatem
(który nieomal przygniótł tatę).

Spytałem dywan o latanie,
odrzekł mi smutno niesłychanie
(i z każdym słowem rzedła mu mina):
„Stolik jest cięższy od Alladyna".

* Gdyby łyknął gin and tonic,
toby latał jak balonik.

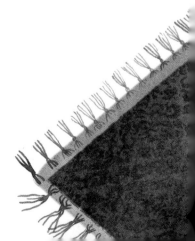

70

STOLIK

Stolik – zwany stolikiem „do kawy" –
świetnie nadaje się – do zabawy,
bo gra się na nim całkiem fajowo
w szachy, warcaby lub grę planszową,
autkiem się jeździ po nim wspaniale*,
pod nim być może domek dla lalek
lub schron na jakiś wszelki wypadek,
można go zmienić w sklepową ladę...

Tylko skąd nazwa – trochę się dziwię:
o co z tą kawą chodzi właściwie?

* W NIEKTÓRYCH DOMACH TAK SIĘ ZDARZA,
ŻE SIĘ NA STOLIKU BAWI KTOŚ W LEKARZA.

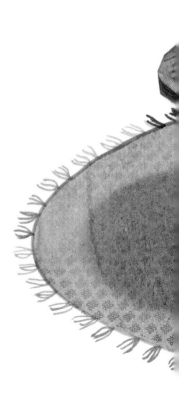

PORTRETY

Portrety
mają to do siebie, niestety,
że patrzą na nas ze ścian groźnym wzrokiem
i nawet gdy bardzo śmiesznie mrugamy do nich okiem,
to nie uśmiechają się wcale,
ale
najtrudniej jest pod portretami jeść obiadek,
gdy patrzy na nas na przykład prapradziadek
albo praprababcia –
wtedy się człowiek z nerwów oblewa lub ciapcia.

Kiedyś chciałem nakarmić portret pewnego przodka,
ale mama powiedziała, że mnie za to kara spotka*.
Ech, człowiek się być uczynnym stara,
a tu kara?

* NA PRZYKŁAD SZLABAN NA KONSOLĘ,
A NA TO SOBIE NIE POZWOLĘ!

SYPIALNIA

To nie jest słowo w moim typie:
przecież w „sypialni" nic nie sypie!

Bo spać by wcale się nie dało,
gdyby w sypialni coś sypało,

na przykład śnieg lub tynk, lub pierze
(nie wiem, co jeszcze, mówiąc szczerze;

lecz gdy coś wpada wprost do buzi
lub nosa – to ze spania guzik!).

A może całkiem jest inaczej?
Może tam są snów rozpylacze*,

co od wieczora aż po rano
sypią nam snami? Ciii! Dobranoc!

* I WIE NAJTĘPSZA TO NIEDOJDA,
ŻE SĄ PRODUKCJI PANA FREUDA.

ŁÓŻKO

Żył kiedyś tu hrabia Rzeżuszko –
któremu skradziono raz łóżko*,
a było to istne cacuszko:
z przecudnie rzeźbioną papużką
i kołdrą, i piękną poduszką
z wyszytym wszerz „Rz" (jak „Rzeżuszko").

Ze złości jął tupać on nóżką,
przyjść kazał swym sługom i służkom,
lokajom i stróżom, i stróżkom
i końca nie było pogróżkom:
„To skandal! Jak ukraść mógł łóżko
ktoś mnie, imć hrabiemu Rzeżuszko?".

A potem łzy ronić jął strużką.
Gdy zalał podłogę kałużką,
nos wytarł chusteczek paczuszką
i rzekł: „Wiem. Pogadam ja z wróżką".
Wnet wróżka przybyła doń dróżką
o lasce, bo była staruszką.

I rzekła do pana Rzeżuszko:
„Wiem, kiedy odzyskasz swe łóżko,
i powiem ci zaraz na uszko.
Wpierw jednak zjem bułkę z czarnuszką,
a potem rumiane jabłuszko,
na deser poczęstuj mnie gruszką".

Zjadła i mówi: „Na jakim ty, moja duszko, żyjesz świecie?
Kup sobie nowe łóżko. Najlepiej w internecie".

* FAKT, IŻ NIE UKRADZIONO NOCNICZKA,
  BYŁ DLA NIEGO RODZAJEM POLICZKA.

LAMPKA NOCNA

Lampka nocna
bywa pomocna,
gdy mama i tata są zdania,
że już dość tego czytania,
bo jutro rano
będzie się niewyspaną
lub niewyspanym,
że o rany!

Lampka nocna
bywa pomocna,
bo można ją włożyć pod koc
i czytać do późna w noc...

A rano zasnąć niespodzianie
z głową wtuloną w śniadanie*.

* A MY ŚNIMY WÓWCZAS „SEN MALOWANY,
Z TWARZĄ WTULONĄ W KOTLET SCHABOWY PANIEROWANY".

DYWaNiK

Jego ojciec nazywa
się Dywan*,
zaś matka
ma na imię Makatka.

Kto to jest, proszę pana (lub pani)?
To jest Dywanik!

> * POWIEM WAM JEDNO O DYWANIE.
> PRZYDAJE SIĘ, GDY JEST SPRZĄTANIE
> W SYSTEMIE PODMIOT – ORZECZENIE,
> KTÓRY PROŚCIUTKI JEST SZALENIE:
> NAJPIERW PODMIATA SIĘ PRZEDMIOTY
> (NAJLEPIEJ ZA POMOCĄ SZCZOTY)
> POD DYWAN, PO CZYM SIĘ ORZEKA,
> ŻE CZYSTO JUŻ. ZWŁASZCZA Z DALEKA.

SZAFA

Głośno powiedzieć nie potrafię,
co tak naprawdę mieszka w szafie*.

Choć trudne to do uwierzenia,
z łatwością swoje kształty zmienia.

Tak sobie ot, dla niepoznaki,
przenika z szuflad na wieszaki.

Półki jak gdyby nic oplata,
porządek jednym ruchem zmiata...

Już wiecie, co to? Ciszej! Błagam!
To coś nazywa się BAŁAGAN!

* GDYBY TO BYŁA SZAFA DWUDRZWIOWA,
TOBY TO BYŁA CZYNNOŚĆ POMYŁKOWA.

MIŚ

Wiadomo – nie od dziś,
że najważniejszy w sypialni jest miś,
do którego, o ile wiem,
dobrze jest się przytulić przed snem.
Wiadomo – także nie od dzisiaj,
że z sypialni bez misia
należy się przeprowadzić (na raty)
do sypialni mamy i taty,
którzy wówczas – droga Krysiu, miły Rysiu –
muszą pełnić rolę misiów*.

* TO ZADANIE ZWŁASZCZA DLA TATY,
BEZ WZGLĘDU NA TO, CZY JEST, CZY NIE JEST KUDŁATY.

KOCYK

„Zasnąłem kiedyś pod kocykiem
i miałem bardzo dziwny sen,
że śpię pod wielkim naleśnikiem
i że go chętnie zaraz zjem.
Zjadłem, choć suchy był jak wióry
(wszak musi jeść ten, kto chce żyć),
po czym zbudziłem się ponury,
bo strasznie chciało mi się pić
i strasznie zmarzłem oprócz tego,
bo gdzieś mi się zapodział koc..."

„Cóż, mam nadzieję, mój kolego,
że go nie zjadłeś ty przez noc?"*

* NIE NALEŻY CHODZIĆ SPAĆ BEZ KOLACJI.
CO? NIE MAM RACJI?

BUDZIK

Mnóstwo ludzi*
się łudzi,
że jeśli ktoś ma budzik,
to się obudzi.

A jeśli budzikowi budzenie się znudzi?
Jeśli stwierdzi, że zanadto się trudzi?
Jeśli będzie marudził?
Jeśli niechęć coś w budziku wzbudzi?
Coś zapał ostudzi?
Lub mechanizm coś zabrudzi?

To wszyscy się spóźnimy –
do szkoły, do roboty,
na pociągi i samoloty.

* GRUBI, CHUDZI,
BLOND I RUDZI.

PIWNICA

Do piwnicy
schodzi
się
po
schod-
kach.

I nigdy nie wiadomo,
kogo
się
tam
spot-
ka:

pająka – który się błąka,
kota – w kłopotach,
myszy – w ciszy,
nietoperze – choć w to nie wierzę,
duchy – zakute w łańcuchy,
chochliki – w szale dzikim,
trolle – w swoim żywiole,
strzygi – na migi*,
gnomy – w ilościach znikomych,
a nawet smoka – w mrokach.

W piwnicy ma się zwykle przerażoną minę,
zwłaszcza gdy się wejdzie buzią w pajęczynę.

* NIEŁATWO JEST SPOTKAĆ CZARODZIEJKĘ W PIWNICACH.
W PIWNICACH CZĘŚCIEJ WYSTĘPUJE CZAROWNICA.

ROWER

Co robi rower w piwnicy?
Powiem wam w tajemnicy:
o ile dobrze wiem,
śpi tam zimowym snem.
Wiem w sumie tylko tyle,
że czasem chrapnie wentylem
albo zabrzęczy łańcuchem
piwnicznej myszy nad uchem,
lub kierownicę przekrzywi
i się ogólnie ożywi,
gdy w tym zimowym śnie
przyśni mu się, że mknie
wśród drzew, ku słońca plamkom
z bardzo przystojną damką*.

* Z TAKIEJ SŁONECZNEJ AFERKI
MOGĄ SIĘ ZRODZIĆ ROWERKI.

Narty

Co robią narty w piwnicy?
Powiem wam w tajemnicy:
o ile dobrze wiem,
śpią sobie letnim snem.
Śnią im się muldy, slalomy
i stok bardzo, bardzo stromy,
twardy, zmarznięty śnieg,
długi zjazdowy bieg,
jakaś skocznia narciarska*
i jazda strasznie dziarska.
Aż przerwie wnet sny owe
tata – przynosząc rower
i mrucząc: „Zima idzie nie na żarty,
wnet trzeba będzie wyjąć narty".

* Myślę,
że ta w Wiśle.

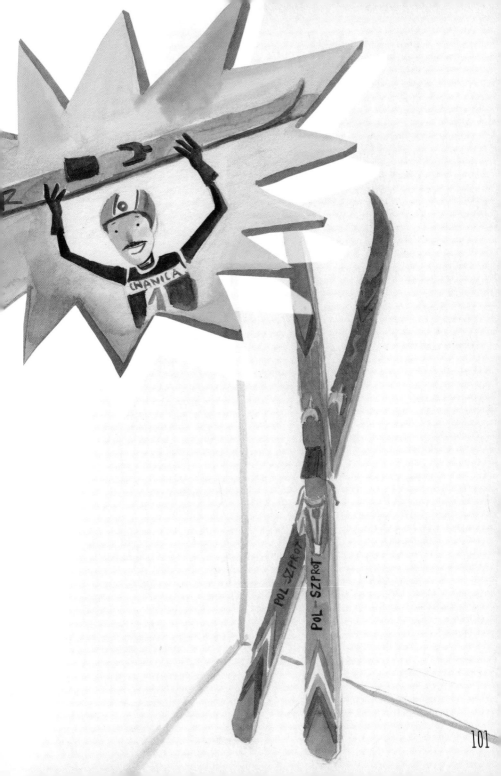

WĘDKA

Zastałem raz w piwnicy wędkę
i wdałem się z nią w pogawędkę,
bo taką – ot – mieliśmy chętkę.

Wówczas mi powiedziała wędka,
że (ależ z wędki tej agentka!)
w rowerze jedno z kół – to dętka.

Więc mówię: „Moja droga wędko!
Czy to nie ty, haczykiem, prędko,
koło to uczyniłaś dętką?"*

Wtedy zaczęła drżeć jak jętka,
stanęła cała w pąsów cętkach,
szepcząc: „Niezdarna ze mnie wędka".

Cóż. Tak to jest, gdy ktoś ma chętkę,
by trzymać w swej piwnicy wędkę.

* KIEDY OPONĘ PRZEBIJE WĘDKA,
MÓWI SIĘ NA NIĄ „OPONENTKA".

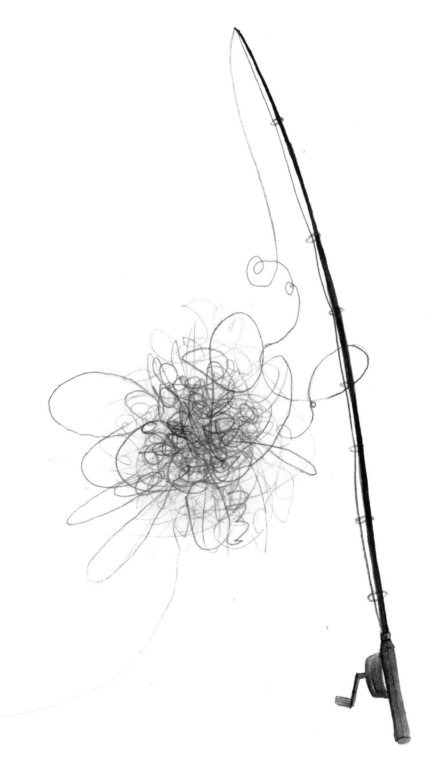

103

SŁOIKI

Stoją w piwnicy puste słoiki.
W jednym z nich były raz borowiki,
w innym pieczarki marynowane,
a w jeszcze innym ćwikła wraz z chrzanem.

Gdy ze słoików wszystko zjedzono,
to je umyto i wysuszono.
Zniesiono tutaj ich zapas spory*,
bo mogą przydać się na przetwory.

Ten, kto na podróż w czasie ma chętkę,
może odkręcić jedną zakrętkę:
wtedy ze środka uleci wokół
trochę powietrza – z zeszłego roku!

* ZNIÓSŁ JE TAM, ZŁORZECZĄC, TEŚĆ
I PO DRODZE STŁUKŁ ZE SZEŚĆ.

PUDŁO

Pudło po telewizorze
posłużyć może
do zrobienia domu,
gdy się po kryjomu
wytnie w nim ostrym nożem
z każdej strony po otworze
okiennym plus jeden na drzwi
(choć starszy brat z nas drwi).

Pudło po telewizorze
służyć też może
do oddawania telewizora do naprawy*,
chyba że karton jest dziurawy,
bo jakieś dziecko wycięło w nim nożem
z każdej strony po otworze...

* GDY MAMY W DOMU KIBICA,
TO SIĘ SZYBCIEJ ZUŻYWA MATRYCA.

SANKI

Mruczały raz do siebie sanki:
„Gdyby tak zmienić się w pi-sanki,
brano by nas z piwnicznej nocy*
do domu, w czasie Wielkanocy.
A gdyby zmienić się w sa-sanki,
można by kwitnąć całe ranki,
wieczorem nucąc koły-sanki.
    Byle się zdążyć zmienić w sanki,
    nim przyjdzie zima (z nią – bałwanki)".

* W PIWNICY SĄ CIEMNOŚCI,
WIADOMO – Z OSZCZĘDNOŚCI.

109

COŚ

Kiedy coś się nam zepsuje,
do niczego nie pasuje,
urwie się, z czegoś wypadnie,
zacznie dymić coś nieładnie,
gdy tandetą się okaże
albo nie jest szczytem marzeń,
mama powie, że ohyda,
tata, że się może przyda –
wtedy to dziwaczne coś
znosi do piwnicy ktoś*.

I nim rok przeminie, nim,
nie wie nikt już, czym jest, czym.

* TAM ZAZWYCZAJ SKŁADOWANE
SĄ PREZENTY NIEUDANE.

Strych

Na strych
wchodzić strach,
bo strych
trzeszczy: trrrach!

Do strychu
trzeba wytrychu,
bo jest zwykle zamknięty.
Nie masz wytrychu?
Nie wchodź, oprychu*,
bo będziesz na dudka wystrychnięty!

Na strychy
czasem wprowadzają się mychy
(na stryszki zaś myszki).
Gdy nocą ani widu, ani słychu,
one rozrabiają na strychu,
odstraszając od domu czarowników złych.
Do tego przecież służy strych.

* BĘDZIESZ MIAŁ NIETĘGĄ MINĘ,
GDY SIĘ NATKNIESZ NA STRYCHNINĘ.

PiaNino

Stoi na strychu stare pianino,
które właściwie jest już ruiną:
nóżki mu dawno zjadły korniki
(korniki mają apetyt dziki),
niegdyś mieszkanie miały w nim myszy,
no i nie działa sporo klawiszy,
więc gdy chce zagrać na nim ktoś,
zwykle wychodzi mu takie coś:

Wlazł stuk-stuk
na stuk-stuk
i stuka.
Ład stuk-stuk
pio stuk-stuk
stuk długa*.

* A GDY PIERWSZA GWIAZDKA WSCHODZI,
MOŻNA ZAGRAĆ STUK SIĘ RODZI.

PŁYTY

To wcale nie bajka ani nie mit:
kiedyś nie było zwykłych płyt.
Muzyki w czasach owych
słuchało się z płyt winylowych,
czarnych i dużych jak patelnie,
które trzeszczały piekielnie.

Ludziom zaczęły przeszkadzać te zgrzyty*,
więc wynaleźli kompaktowe płyty,
a potem empetrójek odtwarzacze,
więc czarne płyty odstawili na pawlacze,
na piwnic lub na strychów dno,
gdzie teraz kurzą się, jak nie wiem co.

* A PAMIĘTACIE, PANOWIE I PANIE,
PŁYT SIĘ ZACI-ZACINANIE?

ADAPTER

Co to takiego adapter?
Rodzaj pterodaktyla?
Który raz połknął raptem
daktyle, a w nich bakcyla?

Nie. Bo adapter się obraża,
gdy z dinozaurem go bezczelnie
się myli. Na nim się odtwarza
płyty – te czarne, jak patelnie.

Tak. Wyginęły adaptery,
jak dinozaury – lecz inaczej:
bo można spotkać je na strychach,
zaś dinozaurów nie ma. Raczej*.

* SĄ ZA TO PŁYTY ZESPOŁU T. REX,
ALE TO CAŁKIEM INNA RZEX.

Skrzynka

Jest na strychu tajna skrzynka,
na dnie skrzynki jest... rodzynka?!
Wszak włożyłem winogrono!
Pewnie mi je podmieniono...*

* To z pewnością wina
amatora wina.

ALBUMY

Znalazłem na strychu albumy,
a w albumach – krewnych tłumy:
praciocie, prawujkowie,
praprzodków istne mrowie,
prababcie wśród pradziadków
gdzieś w parku lub na statku.

I tylko jedno w zdjęciach
tych jest nie do pojęcia:
dlaczego ich świat cały
był tylko czarno-biały?*

* CZYŚCIE ŚLEPI?
ON BYŁ W SEPII!

Ciotka Grizelae

Eleonora i Jan
(z córką)

... droga „Ku dziurze"

Mała Wandzia

Jędrek w górach

Tadeuszek

Stryj Oskar
z małżonką

inż. Edward Winnicki

SZABLA

Pradziadek (ponoć istne diablę)
zostawił nam na strychu szablę.
Ogromnie byłem jej ciekawy,
wiedząc, że nie jest do zabawy.
Prosiłem tatę razy tyle,
by mi tą szablą choć przez chwilę
pozwolił bawić się w pirata,
aż się ubłagać dał mój tata*.

I wiecie co? Tyle ważyła,
że mi na szyi wyszła żyła
z wysiłku, gdy ją unieść chciałem.
Z zabawy więc zrezygnowałem.

Ech, gdyby pradziadek zostawił jakąś inną rzecz...
Na przykład najzwyklejszy laserowy miecz.

* OWSZEM, UBŁAGAĆ DAŁ SIĘ TATA.
MAMA GO MIAŁA ZA WARIATA.

WRZECIONO

W bajkach i baśniach nas uczono:
na strychu musi być wrzeciono
oraz lusterko, które przecież
mówi, kto najpiękniejszy w świecie,
oraz siedmiomilowe buty
i jabłek tak ze sześć – zatrutych,
i różdżka (duża albo tycia),
czapka niewidka, woda życia*
i dywan szybko latający,
i dżin życzenia spełniający.

Lecz tak naprawdę tam ich nie ma.
Są tylko w bajkach. Czyli – ściema.

* Czyli inaczej okowita.
Nie tylko w bajkach chętnie pita.

GARAŻ

Przez jakie „ż" się pisze „garaż"?
Od dawna już się pojąć starasz,
czy przez żet z kropką, czy er zet?
Gdy już chcesz poddać się, to wnet
ktoś podpowiada ci do uszka...
Odwracasz się i widzisz: wróżka
(mówi z wyższością, bo jest snobką).
Teraz już wiesz, że przez żet z...

* Trochę jak Cynka z Piotrusia Pana,
   tylko jeszcze bardziej zadufana.

SAMOCHÓD

Czemu „samochód" tak zwą?
Samochód nazwę ma złą.
Wiedzą i starzy, i młodzi,
że on jeździ, a nie chodzi,
w dodatku nie całkiem sam.
Ja propozycję mam,
żeby go zwać „nie-całkiem-samo-jazdem",
ale chyba z tego zrezygnuję,
bo „nie-całkiem-samo-jazd" się kiepsko rymuje*.

* MÓWIŁ MI GAZDA, CO MA MAZDĘ,
ŻE SIĘ RYMUJE TYLKO Z „POJAZDEM".

Opony

Wieczorem, gdy samochody są zmęczone,
to zdejmują za oponą oponę*,
ustawiają je w garażu pod ścianą,
a potem wkładają znów rano,
zanim zejdzie do nich mama albo tata,
żeby do szkoły zawieźć mnie i brata.

* ŻEBY ROZPROSTOWAĆ KOŁA
(CHOĆ TO ABSURDALNE ZGOŁA).

136

PAJĄK

Widzisz pająka,
który się błąka
albo się krząta,
tkając po kątach
sieci nie lada,
które zakłada
niby firanki
codziennie rankiem
dla kamuflażu
w bramie garażu?

Ale to praca syzyfowa,
bo w jego sieć codziennie wpada
samochód – mucha spalinowa* –
a takich pająk nasz nie jada.

* SREBRNA, MARKI BMW.
NIEJADALNA. TFU.

139

ŁOPATA DO ŚNIEGU

Stoi w kącie łopata.
Kupił wczoraj ją tata,
mówiąc: „Będzie na lata.
To solidna łopata".

Lecz skończyło się lato,
przyszła zima już za to,
no więc śnieg razem z tatą
odgarniamy łopatą.

Wtem – pojęcia nie macie,
co zdarzyło się tacie:
Trrrach! I już po łopacie!
Pękła w pół w rezultacie.

Posmutniawszy, rzekł tata:
„Robią z ludzi wariata,
mówiąc, że ta łopata
będzie służyć przez lata..."*.

„Nie skłamali, mój tato –
powiedziałem ja na to
– bo to była łopata
nie na ZIMY, lecz LATA".

* BO RACZEJ WIERZYĆ TRZEBA MAMIE,
  KTÓRA POWTARZA: NIE WIERZ REKLAMIE.

WĄŻ

Wąż
niepokoi mnie wciąż,
gdyż,
kiedy wołam „a kysz",
on
nie drgnie z żadnej ze stron
i
wciąż udaje, że śpi,
lecz,
choć przedziwna to rzecz,
nim
zdążę podlać coś nim*,
to
syczy jak nie wiem co,
ot,
i mnie zlewa jak pot
ów
wąż – od stóp aż do głów.

* MÓWIĄC BEZ OGRÓDEK:
   PODLAĆ NASZ OGRÓDEK.

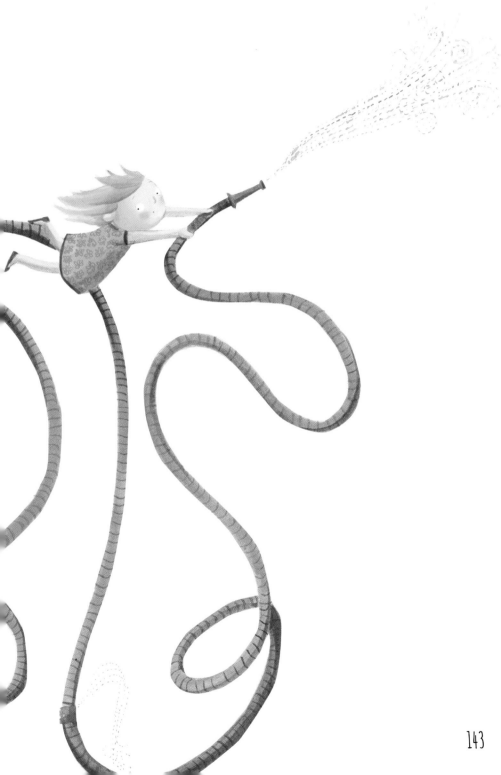

PLAMA

Krzyczy tata, płacze mama,
bo pod naszym autem – plama!

„Może kapie
z dziury w klapie?
Olej ciurka,
bo gdzieś dziurka?
Może sika
spod silnika?
Trzy kropelki
spod uszczelki?
Czy z motorka?
Czy spod korka?
Z jakiejś rurki?
To nie bzdurki!"

Pewnie to będzie dla rodziców szok,
kiedy im powiem, że mi się tam rozlał sok*.

* „NIE PIJ, FIGLARZU,
SOKU W GARAŻU!"

NARZĘDZIA

Tata zakupił w sklepie raz
narzędzia (okazyjnie tanie),
mówiąc, że kiedy przyjdzie czas,
to zajmie się majsterkowaniem.

Mama – gdy dni minęło sto –
rzekła z leciutkim zgrzytem:
„Oby nie zardzewiały do
czasu, gdy będziesz emerytem"*.

* EMERYTALNEGO WIEKU PRZESUWANIE
MA WPŁYW TAKŻE NA MAJSTERKOWANIE.

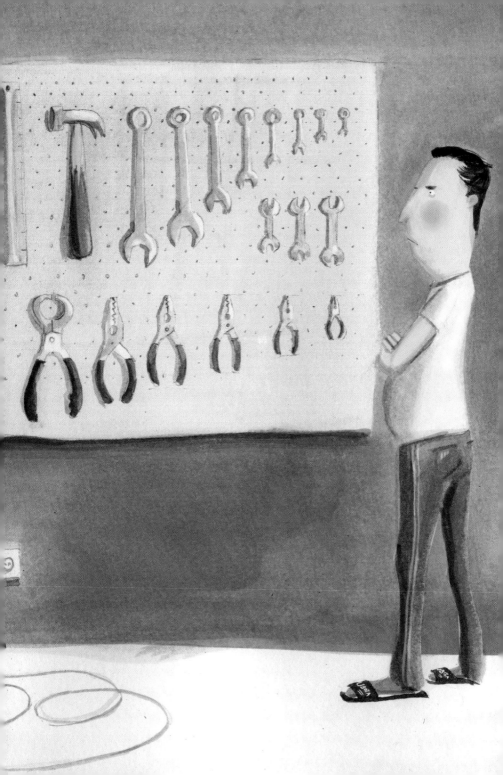

Ogród

Tym się różnią od domów ogrody,
że w ogrodach mieć można przygody,
takie, których mieć w domach nie można,
zwłaszcza gdyś jest ostrożny (ostrożna).
Można biegać na przykład po trawce,
łapać żabki i puszczać latawce*.
Chyba że są zawieje i deszcze,
wtedy się oprócz żab łapie jeszcze
zaziębienia, katary, anginy –
wówczas nie ma wesołej się miny.

Lecz gdy skończy się katar i chłody,
znów do psot się nadadzą ogrody!

* Trzeba jednakowoż uważać, aby
nie złapać latawca i nie puścić żaby.

GRZĄDKI

U nas w ogródku rosną róże,
a u sąsiadów – nie rosną wcale,
za to wyrosły im dość duże
flamingi, gęsi i krasnale...*

* ZE SZTUCZNYCH TWORZYW.
UCIEKAJ, KTO ŻYW!

JABŁOŃ

Wokół jabłoni
fajnie się goni,
lecz jeszcze fajniej się na nią wspina
z bratem i tatą.
Gdy przyjdzie lato,
to się zrywanie jabłek zaczyna!

To oczywiste:
nie są soczyste
tak jak te, które mama kupuje.
Lecz zerwanemu
całkiem samemu
po prostu żadne nie dorównuje!*

* CHOĆ TO, NIESTETY,
SZARE RENETY.

155

HUŚTAWKA

W przód i w tył,
w przód i w tył,
coraz dalej,
coraz wyżej,
do kosmosu
coraz bliżej!
Już brakuje
mi niewiele:
wnet na Księżyc
aż wystrzelę...

No chyba że mnie – w samą porę! –
mama zawoła na podwieczorek*.

* LUB GDY LECI W TV
FILM TYPU E.T.

Kret

Powiem, krecie,
ci w sekrecie:
chcesz żyć w zgodzie,
to w ogrodzie
naszym nie kop!
Sio! Daleko!*

Bo jak tata się zezłości, to niestety
założy specjalną pułapkę na krety.
Na jej widok – mówi mama (na wdechu) –
możesz, krecie, umrzeć! Ze śmiechu...

* BYLE NIE DO SĄSIADÓW, TYLKO DALEJ,
BO U SĄSIADÓW ROSNĄ NIEJADALNE KRASNALE.

158

ŁAWKI

Raz ogrodowe ławki
dostały czk-czk-czkawki.
Na jednej z owych ławek
pił kawkę wujek Sławek
i przez tę nagłą czkawkę
spadł z ławki prosto w trawkę,
a z trawki do sadzawki
z rozpryskiem niby-mżawki.
Gdy wyszedł z wody w drgawkach,
„Czyja to – wrzasnął – sprawka?!",
wyjmując spod nogawki
trzydzieści dwie pijawki*.

Tu wniosek: strzeż się ławki,
gdy ta dostaje czkawki.

* PO CZYM DOSTAŁ BRAWKA
I KSYWKĘ „PRZYSSAWKA".

StRuSie

Nocą – nie wiadomo czemu –
odwiedzają nasz ogród strusie emu.
Niestety, nie ma na to dowodów.
Bo nim je ktoś zauważy – uciekają z ogrodu.

Spytacie, skąd wiem o wizytach strusi?
Ktoś takie rzeczy po prostu wiedzieć musi!*

* POZA TYM MAJĄ MAŁE GŁÓWKI
I CZĘSTO GUBIĄ WIZYTÓWKI.

ZRASZACZ

Zraszacz
aż zaprasza,
żeby się skradać do niego
na przykład z kolegą.

Chodźmy bliżej. Ciii...
On tylko udaje, że śpi,
a tak naprawdę czuwa,
a gdy ktoś podejdzie za blisko, to zaraz go opluwa!

Zwłaszcza
gdy ten ktoś akurat nie ma na sobie płaszcza
przeciwdeszczowego*.
Tak jak ty, kolego!

* A JEŚLI JEST UBRANY W STRÓJ WIZYTOWY,
TO MA GO Z GŁOWY.

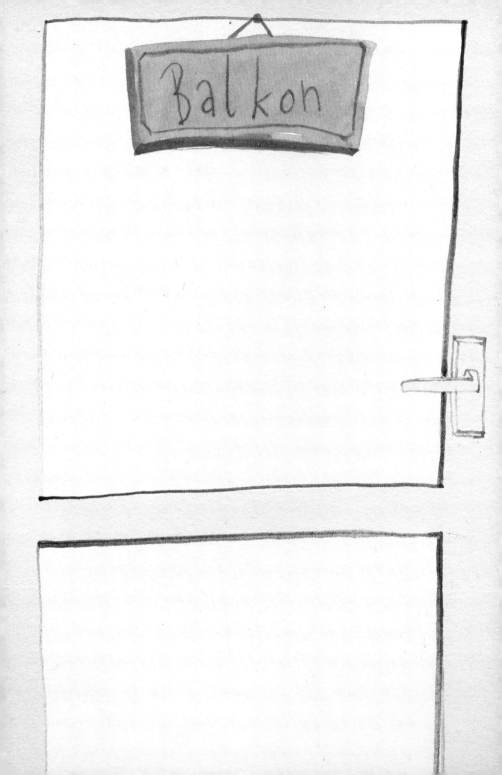

BALKON

Mało kto wie, że balkony
mają dwie strony:
z jednej – są po prostu balkonami,
z drugiej – kosmicznymi statkami,
które tylko dokują na naszej ścianie,
ale niech tylko zjawią się źli Marsjanie,
to zaraz odeprzemy ich ataki*
w balkonolocie nie byle jakim!

* OBY TYLKO MAMA NIE POSADZIŁA TAM PELARGONII,
BO MOGĄ WIDOK ZASŁONIĆ.

Skrzynki na Kwiaty

To mama wsypuje nasionka do skrzynki,
by z owych nasionek wyrosły roślinki.
A potem je tata podlewa obficie
i wkrótce zielone nam budzi się życie.

Raz podlać zapomniał przez tydzień nasz tata
i nic nie wyrosło nam w skrzynce – do lata.
Gdy latem popadał ciut-ciut kapuśniaczek,
to w skrzynce na kwiaty nam wyrósł – wiatraczek*.

Wciąż nie wiem, czy wzejście naszego wiatraczka
to była zasługa ciut-ciut kapuśniaczka,
czy raczej to mama wsypała nasionko,
z którego wyrosło, no cóż, urządzonko.

* Świetnie odstraszałby kondory,
lecz ich nie było do tej pory.

KARMNIK

Karmniki – prosta sprawa – mają daszki,
pod którymi powinny się chronić ptaszki,
kiedy przylatują do nas na kolację
złożoną z okruszków chleba. Mam rację?

Miałbym rację, gdyby nie nasz kot,
który chowa się w karmniku, tak ot*.
Czeka tam, aż skuszone okruszkiem pod daszkiem
przylecą jakieś smaczne ptaszki…

* WYJADŁSZY STARANNIE OKRUSZKI.
  WSZAK KOTY TO NIE FLEJTUSZKI.

KOT

Koty
rymują się ze słowem „psoty".
Gdy powiedziałem o tym
znajomemu kotu, to tylko miauknął: „No, co ty?"*.

* I – JAK TO BYWA Z KOTAMI –
WZRUSZYŁ RAMIONAMI.

Kura

Podobno sąsiad nasz, pan Jurek,
hodował na balkonie kurę.
Traktował ją jak sobie równą,
mimo iż była małomówną.
A za to ona – to nie bajka! –
znosiła mu czasami jajka.

Trwało to krótko niesłychanie,
bowiem porwali ją Marsjanie.
I – jak sąsiedzka plotka głosi –
teraz na Marsie jajka znosi*.

* Pan Jurek (choć to tragifarsa)
chce przeprowadzić się na Marsa.

BIBLIOTEKA

Każdy zakątek domu
potrafi po kryjomu
pobudzić najwyraźniej
dziecięcą wyobraźnię.

Przychodzi mi do głowy
też jeden wyjątkowy;
nie szukaj go daleko,
bo on jest – biblioteką.

Tam przecież każda książka
jest jak takie ziarenko,
z którego w wyobraźni
wyrasta wielkie drzewo.

Wiem. To się nie rymuje.
Mam dość już rymowania.
Już idę spać. Przed snem
poczytam sobie chwilę.

DOBRANOC, DZIECI!

Spis

Treści